MW01296654

CPSIA information can be obtained
at www.ICGtesting.com
Printed in the USA
LVHW012047141019
634127LV00007B/1123/P

9 781695 450509